Mi Primera Comunión

Texto: Berta Garcia Sabatés
Ilustraciones: Marta Fàbrega

edebé

¡Hoy hago la Comunión!

¡Qué alegría!

Cuando nací, me bautizaron y hoy
recibiré a Jesús.

¡Jesús hace que seamos más fuertes
y mejores!

Juntos, todos los cristianos del
mundo nos unimos alrededor
de él.

Mis padres me han enseñado
que la vida es maravillosa cuando
vivimos con los demás como si todos
formásemos una gran familia y nos
cuidásemos unos de otros.
Me han enseñado muchas cosas
importantes, como la bondad,
el respeto, la paciencia,
la obediencia, la comprensión
y la ternura: lo mismo que
Jesús nos enseña en el
Evangelio. ¡Y esto hace
que seamos muy felices!

Ahora ya sé que pertenezco a la comunidad de cristianos, llamada Iglesia, donde todo el mundo es importante y cada persona cuenta con la ayuda de los demás. Durante la catequesis he entendido la Palabra de Dios y también he descubierto la *Biblia*, la vida de Jesús y todo lo que nos ha dado y enseñado. Tengo mucha suerte… porque muchos niños no lo saben.

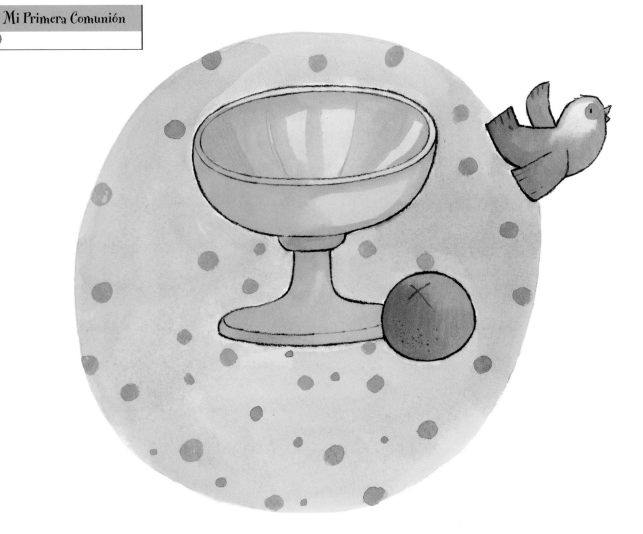

Hoy, con otros niños, recibiré por primera vez a Jesús, presente
en la sagrada forma.

¡El sacramento de la Eucaristía! Jesús viene a mí y me bendice.
Se trata de una ceremonia muy importante.

Mis padres, familiares y amigos me acompañan a la iglesia,
donde nos han preparado la misa.

Sé que la primera Eucaristía se instituyó durante
la última cena de Jesús, la Santa Cena:
Jesús bendijo el pan y el vino y los convirtió
en el símbolo de su cuerpo y su sangre, y nos
dio su vida para que nosotros pudiésemos gozar
de la vida eterna.
Desde entonces, recibir la comunión durante
la Eucaristía significa estar unido a Jesús y a
todos aquellos que se reúnen en su nombre.

En la iglesia, todo el mundo escucha
con atención lo que se dice.

Es un día festivo y de alegría, con
bonitas canciones, y todos los que
reciben la comunión por primera vez
van muy bien vestidos.

Pero la celebración tiene lugar, sobre
todo, en mi corazón, porque pienso
mucho en Jesús y deseo ser como él.

Hay otro momento muy importante: cuando todos pronunciamos la plegaria del Padre Nuestro junto a nuestros padres y amigos. En la oración del Padre Nuestro decimos: "Danos hoy el pan de cada día".

Tras la misa, toda la familia se reúne: padres, abuelos, primos, tíos y nuestros amigos más íntimos. Todos me felicitan: "¡Hoy es un gran día para ti! ¡Estamos contentos de estar aquí contigo!"

En memoria de este momento tan especial, he repartido unos recordatorios muy bonitos con el día y el nombre de la iglesia donde he comulgado por primera vez. También les he dado caramelos de colores para celebrarlo.

Después, hemos compartido una buena comida,
con un delicioso pastel, y mamá ha hecho muchas
fotografías para recordar este día tan especial.

Después de comer hemos estado de fiesta.

¡Hemos reído y nos lo hemos pasado estupendamente!

Todos los niños hemos jugado juntos mientras los
mayores charlaban entre sí.

¡Todos estaban contentos!

¡Nunca olvidaremos este día!

Como recuerdo de esta celebración, mi padrino y mi madrina me han traído algunos regalos.

Me encantan: son insustituibles.

Siempre puedo confiar en ellos: cuando me bautizaron prometieron que me cuidarían y que me educarían en la fe.

¡Les estoy muy agradecido!

La amistad con Jesús es una relación extraordinaria
que nos proporciona un inmenso amor.
El Evangelio nos enseña el camino hacia la verdad y
la felicidad.
¡Tengo ganas de decírselo a todo el mundo!

Recordaré siempre esta celebración.

Por este motivo comulgaré frecuentemente.

¡Me ayudará a parecerme a Jesús, para vivir amando a
Dios y a los demás, y para construir un mundo mejor!

Oraciones

Padre Nuestro

Padre Nuestro, que estás en el cielo,
santificado sea tu Nombre;
venga a nosotros tu Reino;
hágase tu voluntad
en la tierra como en el cielo.
Danos hoy nuestro pan de cada día;
perdona nuestras ofensas,
como también nosotros perdonamos a los que nos ofenden;
no nos dejes caer en la tentación,
y líbranos del mal.
Amén.

Avemaría

Dios te salve, María,
llena eres de gracia;
el Señor es contigo.
Bendita Tú eres
entre todas las mujeres,
y bendito es el fruto de tu vientre,
Jesús.

Santa María, Madre de Dios,
ruega por nosotros, pecadores,
ahora y en la hora de nuestra mu
Amén.

Credo

Creo en un solo Dios,
Padre Todopoderoso,
Creador del cielo y de la tierra,
de todo lo visible y lo invisible.
Creo en un solo Señor, Jesucristo,
Hijo único de Dios,
nacido del Padre
antes de todos los siglos:
Dios de Dios,
Luz de Luz,
Dios verdadero de Dios verdadero,
engendrado, no creado,
de la misma naturaleza del Padre,
por quien todo fue hecho;
que por nosotros, los hombres,
y por nuestra salvación bajó del cielo,
y por obra del Espíritu Santo
se encarnó de María, la Virgen,
y se hizo hombre;
y por nuestra causa fue crucificado

en tiempos de Poncio Pilato;
padeció y fue sepultado,
y resucitó al tercer día, según las Escrituras,
y subió al cielo,
y está sentado a la derecha del Padre;
y de nuevo vendrá con gloria
para juzgar a vivos y muertos,
y su reino no tendrá fin.
Creo en el Espíritu Santo,
Señor y dador de vida,
que procede del Padre y del Hijo,
que con el Padre y el Hijo recibe
una misma adoración y gloria,
y que habló por los profetas.
Creo en la Iglesia, que es una, santa,
católica y apostólica.
Confieso que hay un solo Bautismo
para el perdón de los pecados.
Espero la Resurrección de los muertos
y la vida del mundo futuro.
Amén.

Aquí tienes algunas ideas para las invitaciones de tu Primera Comunión. Puedes realizarlas con tus padres:

Tarjeta de invitación

1 Recorta un trozo de cartulina beige de 20 x 15 cm y dóblala por la mitad.

2 En el otro lado de la cartulina, dibuja un marco de 5 x 5 cm y saca la parte interior para que forme una ventana.

3 Recorta un marco de cartulina de otro color, para decorar el marco, pégalo y espera que se seque.

Materiales:

cartulina blanca, beige y de otros colores, pegamento, figuras recortables de cartulina (ángeles, cruces, dibujos de Jesús…), un bolígrafo negro, tijeras o un cúter.

"En la página de detrás de la ventanita, puedes perfilar el marco donde escribirás con lápiz. De esta forma tu nombre no quedará escondido cuando cierres la tarjeta."

4 Decora la primera página de la tarjeta y pégale las figuras que hayas elegido.

5 En el interior de la tarjeta escribe: "Mi Primera Comunión" junto a tu nombre de forma que se vea a través de la ventana.

6 Luego, debajo escribe: el nombre de la persona a quien invitas, la fecha y el lugar donde se celebrará.

Marco de fotos de recuerdo

Para que recuerdes este día tan especial, aquí te enseñamos la manera de hacer un marco para colocar una foto de tu Primera Comunión.

Materiales:

cartulina gruesa de tus colores preferidos, rotuladores de diversos colores, una regla, tijeras, pegamento, algunas fotografías y cosas que te recuerden este día. Incluso puedes comprar purpurina o pegatinas si deseas decorarlo más.

1 Recorta un trozo de cartulina gruesa que mida 45 x 20 cm. Hazle dos pliegues de forma que cada trozo se doble encima de la parte central. Recorta de forma ondulada la parte superior.

2 Pega en el centro la foto que más te guste de tu Primera Comunión. Hazle un marco de cartulina de un color diferente y pégalo de manera que la resalte.

3 En la parte izquierda, puedes escribir alguna frase que te recuerde el momento, el día, el lugar y todo aquello que consideres que merece la pena recordarse; también puedes hacer una lista de los familiares y amigos que te acompañaron. Decora el resto de la tarjeta como más te guste.

4 En la parte derecha puedes pegar otros elementos decorativos así como recuerdos de ese día, fotos, pegatinas, etc.

"La parte superior de la tarjeta será más regular si cortas las tres a la vez. Cuando la abras será más bonita y simétrica."

Mi Primera Comunión

Texto: Berta Garcia Sabatés

Ilustraciones: Marta Fàbrega

Diseño y maquetación: Gemser Publications, S.L.

© Gemser Publications, S.L. 2010

© de la edición: EDEBÉ 2011
Paseo de San Juan Bosco, 62
08017 Barcelona
www.edebe.com

ISBN: 978-84-683-0172-3

Impreso en China